ESSENTIAL GUIDE TO CHINESE HISTORY

PART 2

SHANG DYNASTY

商朝

SECOND EDITION (LARGE PRINT)

学习简单的中国历史文化

QING QING JIANG

PREFACE

Welcome to the Chinese History series, a series dedicated to helping Mandarin Chinese learners improve Chinese reading skills. In this series, we will discover China's 5,000-year-old history. Each of the book will focus on one important ruling Chinese dynasty. The books contain numerous lessons in Mandarin Chinese. We start with a ruling dynasty specific preface (前言), a brief introduction to the dynasty or related themes, and continue to dig the important aspects of the ruling era, such as politics, economy, etc. in the form or chapters. Each book contains 5 to 10 chapters. For the readers' convenience, a comprehensive list of vocabulary has been provided at the beginning of each chapter. The pinyin for the Chinese text is provided after the main text. Further, to enforce deeper learning, the English interpretation of the Chinese text has been purposely excluded for the books. This would help the readers think deeply about the contents the way native Chinese think. In order to help the Chinese learner remember important characters, words, long words, idioms, etc., these entities have been purposely repeated throughout the book, and across the books in the series. Taken together, the books in Chinese History series will tremendously help readers improve their Chinese reading skills.

If you have any questions, suggestions, and feedbacks, feel free to let me know in the review or comments.

You can find more about China and Chinese culture on my amazon homepage.

I blog at:

www.QuoraChinese.com

-Qing Qing, FEB 2023

©2023 Qing Qing Jiang

All rights reserved.

ESSENTIAL GUIDE TO CHINESE HISTORY

ACKNOWLEDGMENTS

I am a blogger. It has been a long and interesting journey since I started blogging quite a few years ago.

The blogging passion enabled me to write useful contents. In particular, I have been writing about China, and its culture.

My passion in writing was supported by my friends, colleagues, and most importantly, the almighty.

I thank everyone for constantly inspiring me in my life endeavours.

CONTENTS

PREFACE 2
ACKNOWLEDGMENTS 4
CONTENTS 5
INTRODUCTION TO THE HISTORY OF SHANG DYNASTY (商朝历史简介) 7
POLITICS (政治) 9
ECONOMY (经济) 14
CULTURE (文化) 20
SCIENCE & TECHNOLOGY (科技) 26
MILITARY AFFAIRS (军事) 30
END OF THE SHANG DYNASTY (灭亡) 35

前言

商朝是中国历史上的第二个朝代，又被后人称为"商"或者是"殷商"。商朝一共延续了五百余年，期间有三十余任帝王。其中，开国君主是商汤，正是商汤灭掉了夏，因此改国号为商。而末代君主则是纣王，因为他的暴虐无道，腐败无能，导致社会动荡不堪，所以最终被推翻。从中我们可以看出，统治者的贤能与否很大程度上决定了一个国家的兴衰。总之还是一句话，得民心者得天下，我想历代君王都应该牢记这个道理。除此之外，商朝也是第一个有文字记载的朝代。那是因为在商朝，就已经出现了文字，也就是我们现在所知道的甲骨文。从中我们可以看出古代人民的智慧，从那么早的时期开始，就已经学会用文字来记录了。

Shāng cháo shì zhōngguó lìshǐ shàng de dì èr gè cháodài, yòu bèi hòu rén chēng wèi "shāng" huòzhě shì "yīn shāng". Shāng zhāo yīgòng yánxùle wǔbǎi yú nián, qíjiān yǒu sānshí yú rèn dìwáng. Qízhōng, kāiguó jūnzhǔ shì shāng tāng, zhèng shì shāng tāng miè diàole xià, yīncǐ gǎi guó hào wèi shāng. Ér mòdài jūnzhǔ zé shì zhòu wáng, yīnwèi tā de bàonüè wú dào, fǔbài wúnéng, dǎozhì shèhuì dòngdàng bùkān, suǒyǐ zuìzhōng bèi tuīfān. Cóngzhōng wǒmen kěyǐ kàn chū, tǒngzhì zhě de xiánnéng yǔ fǒu hěn dà chéngdù shàng juédìngle yīgè guójiā de xīngshuāi. Zǒngzhī háishì yījù huà, dé mínxīn zhě dé tiānxià, wǒ xiǎng lìdài jūnwáng dōu yīnggāi láojì zhège dàolǐ. Chú cǐ zhī wài, shāng cháo yěshì dì yī gè yǒu wénzì jìzǎi de cháodài. Nà shì yīnwèi zài shāng cháo, jiù yǐjīng chūxiànle wénzì, yě jiùshì wǒmen xiànzài suǒ zhīdào de jiǎgǔwén. Cóngzhōng wǒmen kěyǐ kàn chū gǔdài rénmín de zhìhuì, cóng nàme zǎo de shíqí kāishǐ, jiù yǐjīng xuéhuì yòng wénzì lái jìlùle.

INTRODUCTION TO THE HISTORY OF SHANG DYNASTY (商朝历史简介)

The Shang Dynasty (商朝), ruling approximately from 1600 BC to 1046 BC, was the second ruling dynasty in Chinese history. The dynasty is also known as the Yin-Shang Dynasty (殷商). The Shang Dynasty was the first dynasty in China with clear written records of the same period.

Shang Tang (商汤) was the founder of the Shang Dynasty. He defeated Xia Jie (夏桀) in the Battle of Mingtiao (鸣条之战), an event known as the "Shang Tang Revolution" (商汤革命) in history. He chose **Shang** as the country name and established the Shang Dynasty with its capital in Bo (亳). Shang Tang was a famous emperor. He is a widely respected figure in Chinese history.

After Shang Tang, Tai Ding (太丁), the son of Shang Tang, ascended to the throne. He died early. He was succeeded by his younger brother Wai Bing (外丙, wài bǐng). However, some scholars still debate whether Tai Ding indeed succeeded to the throne. Hence, it's debatable whether Wai Bing was the second or the third monarch of the Shang Dynasty (because it remains uncertain whether his brother Tai Ding ever succeeded him).

The last monarch of the Shang Dynasty, Emperor Xin (帝辛), also known as King Zhou of Shang Dynasty (商纣王), was killed in the Battle of Muye (牧野之战). In the battel, the Shang Dynasty was defeated, King Zhou committed suicide, and subsequently, the Shang Dynasty perished.

According to legends, the Shang Dynasty had total 31 monarchs spreading over 17 generations. The reign of the dynasty lasted for more than 500 years.

The capital of the Shang Dynasty moved many times, including at Bo (亳), Xing (邢), Yin (殷), Yan Shi (偃师).

It was only after Shang Tang's descendant, Pan Geng (盘庚), moved the capital to Yin (殷) that the location of the capital stabilized. Yin remained the capital city of the Shang Dynasty for 273 years. Therefore, the Shang Dynasty is also called "Yin" or "Yin Shang" (殷商) by the later generations.

The system of succession to the throne -- during the early stage of the Shang Dynasty -- was the succession of brothers, and in the later stage of the dynasty, it was a typical succession of fathers and sons.

The Shang Dynasty played a very important role in Chinese history. For example, during the Shang Dynasty, the civilization also progressed in the areas far from the Central Plains (中原), such as in the Yangtze River Basin.

Collectively, the Xia (夏), Shang, and Zhou (周), are called China's "Three Dynasties" (三代).

POLITICS (政治)

#			
1	商朝	Shāng cháo	Shang Dynasty (1700 BC- 1045 BC)
2	政治上	Zhèngzhì shàng	Political; in politics
3	统治者	Tǒngzhì zhě	Ruler; sovereign
4	特别是	Tèbié shì	Particular; special
5	祖先	Zǔxiān	Ancestors; ancestry; forefathers; progenitor
6	自称	Zìchēng	Call oneself
7	天帝	Tiāndì	The Lord of Heaven; Celestial Ruler
8	天神	Tiānshén	God; deity; celestial
9	天命	Tiānmìng	God's will; the mandate of heaven; destiny; fate
10	神职人员	Shénzhí rényuán	Clergy
11	社会地位	Shèhuì dìwèi	Social levels; social position; social status
12	神职	Shénzhí	Clergy
13	占卜	Zhānbǔ	Practice divination; divine
14	推算	Tuīsuàn	Calculate; reckon; reckoning; prediction
15	老百姓	Lǎobǎixìng	Common people; ordinary people
16	鬼神	Guǐshén	Ghosts and gods; spirits; supernatural
17	非常流行	Fēicháng liúxíng	All the mode; have a good run
18	崇拜	Chóngbài	Worship; adore; idolize
19	名义	Míngyì	Name; nominal; titular; in name
20	好比	Hǎobǐ	Can be compared to; may be likened to; be just like

21	征伐	Zhēngfá	Go on a punitive expedition
22	什么事	Shénme shì	What's the matter?; no matter what; whatever it is
23	信服	Xìnfú	Completely accept; be convinced
24	国家机构	Guójiā jīgòu	State agency; structure of the state
25	完备	Wánbèi	Complete; perfect
26	法律法规	Fǎlǜ fǎguī	Laws and regulations; law; Laws & Regulations
27	实行	Shíxíng	Put into practice; carry out; practice; implement
28	官制	Guānzhì	Bureaucratic establishment
29	任职	Rènzhí	Take office; hold a post; be in office
30	被称为	Bèi chēng wèi	Known as; be known as; be called
31	内服	Nèifú	To be taken orally; for oral administration
32	公社	Gōngshè	Primitive commune; commune; people's commune
33	所有制	Suǒyǒuzhì	Ownership; system of ownership
34	也就是说	Yě jiùshì shuō	In other words; that is to say
35	种地	Zhòng dì	Till land; go in for farming; do farm work
36	一部分	Yībùfèn	A part; a portion; partial; partially
37	奴隶主	Núlì zhǔ	Slave owner; slaveholder
38	赋税	Fùshuì	Taxes
39	迁都	Qiāndū	Move the capital to another place
40	都城	Dūchéng	Capital (of a country)
41	不稳定	Bù wěndìng	Instability

42	在现代	Zài xiàndài	In modern times; in modem times; at the present day
43	殷商	Yīn shāng	The Shang/Yin Dynasty
44	一方面	Yī fāngmiàn	One side; for one thing..., for another; on the one hand
45	另一方面	Lìng yī fāngmiàn	On the other hand; the other side of the shield;
46	缩写	Suōxiě	Abbreviation; abridge
47	我们的	Wǒmen de	Ours

Chinese (中文)

商朝政治上的最大的一个特点是统治者大多崇拜鬼神的意志，强调"神"特别是"祖先神"。统治者自称是天帝的儿子，崇拜"天神"和"天命"。

正因如此，在商朝，神职人员也是很受尊重的，具有一定的社会地位。这些神职人员的工作大多是负责占卜和推算，不光是统治者，连老百姓也相信所谓的鬼神，所以鬼神和占卜在商朝的社会是非常流行的。

正是因为对鬼神的崇拜，商朝的很多法律，也是以天神的名义，就好比对夏的征伐，就是以天的名义。不光如此，统治者要做什么事的时候，也会以天的名，这样就能使百姓信服了。

商朝时期的国家机构已经算得上是比较完备了，无论是官员，机构，还是相关的法律法规。在官员的配置方面，商朝实行世官制。在中央任职的官员被称为内服官，在外的被称为外服官。

在土地方面，商朝实行的是公社所有制。也就是说，土地是属于公社的，想要种地的农民，只能通过公社获得土地。而土地，在法律上有是属于最高统治者的。农民种的土地，大多是公田。收获的农作物，还得上交一部分给奴隶主贵族，相当于是赋税。

商朝存在的这五百年前，曾经多次迁都但是大部分都城还是在河南省内，但这种行为会造成社会的不稳定。

在现代，我们还发现了殷商的都城遗址，一方面证实了商朝的存在，另一方面也为我们的研究提供了很多帮助。

Pinyin (拼音)

Shāng cháo zhèngzhì shàng de zuìdà de yīgè tèdiǎn shì tǒngzhì zhě dàduō chóngbài guǐshén de yìzhì, qiángdiào "shén" tèbié shì "zǔxiān shén". Tǒngzhì zhě zìchēng shì tiāndì de érzi, chóngbài "tiānshén" hé "tiānmìng".

Zhèng yīn rúcǐ, zài shāng cháo, shénzhí rényuán yěshì hěn shòu zūnzhòng de, jùyǒu yīdìng de shèhuì dìwèi. Zhèxiē shénzhí rényuán de gōngzuò dàduō shì fùzé zhānbǔ hé tuīsuàn, bùguāng shì tǒngzhì zhě, lián lǎobǎixìng yě xiāngxìn suǒwèi de guǐshén, suǒyǐ guǐshén hé zhānbǔ zài shāng cháo de shèhuì shì fēicháng liúxíng de.

Zhèng shì yīnwèi duì guǐshén de chóngbài, shāng cháo de hěnduō fǎlǜ, yěshì yǐ tiānshén de míngyì, jiù hǎobǐ duì xià de zhēngfá, jiùshì yǐ tiān de míngyì. Bùguāng rúcǐ, tǒngzhì zhě yào zuò shénme shì de shíhòu, yě huì yǐ tiān de míng, zhèyàng jiù néng shǐ bǎixìng xìnfúle.

Shāng cháo shíqí de guójiā jīgòu yǐjīng suàndé shàng shì bǐjiào wánbèile, wúlùn shì guānyuán, jīgòu, háishì xiāngguān de fǎlǜ fǎguī. Zài guānyuán de pèizhì fāngmiàn, shāng cháo shíxíng shì guānzhì. Zài zhōngyāng rènzhí de guānyuán bèi chēng wèi nèifú guān, zàiwài de bèi chēng wèi wài fú guān.

Zài tǔdì fāngmiàn, shāng cháo shíxíng de shì gōngshè suǒyǒuzhì. Yě jiùshì shuō, tǔdì shì shǔyú gōngshè de, xiǎng yào zhòng dì de nóngmín, zhǐ néng tōngguò gōngshè huòdé tǔdì. Ér tǔdì, zài fǎlǜ shàng yǒu shì shǔyú zuìgāo tǒngzhì zhě de. Nóngmín zhǒng de tǔdì, dàduō shì gōngtián. Shōuhuò de nóngzuòwù, hái dé shàng jiāo yībùfèn gěi núlì zhǔ guìzú, xiāngdāng yúshì fùshuì.

Shāng cháo cúnzài de zhè wǔbǎi nián qián, céngjīng duō cì qiāndū dànshì dà bùfèn dūchéng háishì zài hénán shěng nèi, dàn zhè zhǒng xíngwéi huì zàochéng shèhuì de bù wěndìng.

Zài xiàndài, wǒmen hái fāxiànle yīn shāng de dūchéng yízhǐ, yī fāngmiàn zhèngshíle shāng cháo de cúnzài, lìng yī fāngmiàn yě wèi wǒmen de yánjiū tígōngle hěnduō bāngzhù.

ECONOMY (经济)

1	经济发展	Jīngjì fāzhǎn	Economic development
2	状况	Zhuàngkuàng	Condition; state; status; state of affairs
3	农牧业	Nóng mù yè	Agriculture and animal husbandry
4	手工业	Shǒugōngyè	Handicraft industry; handicraft; manufacture
5	方面	Fāngmiàn	Respect; aspect; side; field
6	讲述	Jiǎngshù	Tell about; give an account of; narrate; recount
7	比较	Bǐjiào	Compare; compare with; contrast; parallel
8	突出	Túchū	Protruding; projecting; sticking out; outstanding
9	首先	Shǒuxiān	First
10	农业	Nóngyè	Agriculture; farming
11	在这里	Zài zhèlǐ	Here; Here it is; over here
12	可以	Kěyǐ	Can; may; passable; pretty good
13	细分	Xì fēn	Subdivision; mince; partition; partitioning
14	三个部分	Sān gè bùfèn	Three parts; three
15	畜牧业	Xùmù yè	Animal husbandry; stock farming
16	养殖业	Yǎngzhí yè	Breading industry
17	经济来源	Jīngjì láiyuán	Source of income; pocketbook; sources of income; financial
18	种植	Zhòngzhí	Plant; grow; raise; cultivate
19	农作物	Nóngzuòwù	Crops

20	等等	Děng děng	Wait a minute; and so on; and so on and so forth; etc.; and others
21	水稻	Shuǐdào	Paddy; rice
22	小麦	Xiǎomài	Wheat
23	大米	Dàmǐ	Rice
24	在当时	Zài dāngshí	At that time; in those days; at the time
25	培育	Péiyù	Cultivate; foster; raise; breed
26	快速发展	Kuàisù fāzhǎn	Rapid growth; develop rapidly; rapid expansion
27	驯养的动物	Xúnyǎng de dòngwù	Domesticated animals
28	特别是	Tèbié shì	Particular; special
29	大臣	Dàchén	Minister; secretary
30	特别喜欢	Tèbié xǐhuān	Favorite
31	骑马	Qímǎ	Ride a horse; be on horseback; ride horseback; ride on a horse
32	讲究	Jiǎngjiù	Be particular about; pay attention to; devote particular care to; stress
33	指的是	Zhǐ de shì	Refer to...; mean; social order; nobody
34	养鱼	Yǎng yú	Fish-farming; fish farm; fish culture;
35	黄河	Huánghé	The Huanghe River; the Yellow River
36	地段	Dìduàn	A sector of an area; a section of an area; reach; stretch
37	现如今	Xiàn rújīn	Nowadays; now
38	河南省	Hénán shěng	Henan; Henan province
39	沼泽	Zhǎozé	Marsh; swamp

40	手工艺	Shǒugōngyì	Handicraft art; handicraft
41	比如说	Bǐrú shuō	For example; For example; say; For instance
42	酒器	Jiǔ qì	Drinking vessel
43	礼器	Lǐ qì	Sacrificial vessel
44	青铜器	Qīngtóngqì	Bronze ware
45	重达	Zhòng dá	Be as heavy as
46	在一定程度上	Zài yīdìng chéngdù shàng	To a certain degree; to a certain extent; partly
47	起源	Qǐyuán	Origin; beginning; derivation; rise in
48	商人	Shāngrén	Businessman; merchant; trader
49	随之	Suí zhī	Then
50	据说	Jùshuō	It is said; they say; allegedly
51	长途	Chángtú	Long-distance
52	贩卖	Fànmài	Traffic; peddle; sell; marketing

Chinese (中文)

关于商朝的经济发展状况，我们主要从农牧业和手工业两个方面来讲述，这几方面是商朝经济发展比较突出的。

首先来讲农业，在这里我们又可以把农业细分为三个部分，分别是农业，畜牧业和养殖业。

农业同样也是商朝主要的经济来源。在商朝，农业种植的主要农作物有禾、黍、稻、麦等等，用现在的话来说这些是水稻，小麦，大米。在当时，能培育这些农作物已经有很大的进步了，所以农业也已经算是发展的很快了。

商朝的畜牧业同样也是快速发展的一个部门。其中畜牧业驯养的动物主要有牛，马，猪羊，狗，鸡等等，特别是牛，马和羊。当时的一些上层贵族和大臣官员，出行的时候都特别喜欢骑马。而且还有一个讲究，就是马的品种越好，代表骑马的人等级越高，可以说是身份地位的一种象征吧。

养殖业主要指的是养鱼，尤其在黄河的中下游地段。商朝主要在现如今的河南省，靠近河流，气候主要以湿润性气候为主。由于降水十分丰富，地形以森林，湖泊，沼泽为主，因此非常适合渔业的发展，渔业也特别发达。

下面再来讲一讲商朝的手工业。商朝的手工艺可谓是达到了一个小巅峰。日常用的器具，比如说酒器和礼器都打造的十分精美。还有青铜器的冶炼和制造，在商朝的时候已是发展的十分成熟了。出土的重达 875 公斤的司母戊鼎便是其中的一个典型代表，从中我们也可以看出技术的高超，经过这么久，还能完整的呈现在我们的眼前。

正是因为商朝农业和手工业的快速发展，在一定程度上刺激了商品交换的发展，这便是商业的起源，正是有了商品交换，商人也就随之产生了。据说在商朝已经出现了长途贩卖的商人。

Pinyin (拼音)

Guānyú shāng cháo de jīngjì fāzhǎn zhuàngkuàng, wǒmen zhǔyào cóng nóng mù yè hé shǒugōngyè liǎng gè fāngmiàn lái jiǎngshù, zhè jǐ fāngmiàn shì shāng cháo jīngjì fāzhǎn bǐjiào túchū de.

Shǒuxiān lái jiǎng nóngyè, zài zhèlǐ wǒmen yòu kěyǐ bǎ nóngyè xì fēn wéi sān gè bùfèn, fēnbié shì nóngyè, xùmù yè hé yǎngzhí yè.

Nóngyè tóngyàng yěshì shāng cháo zhǔyào de jīngjì láiyuán. Zài shāng cháo, nóngyè zhòngzhí de zhǔyào nóngzuòwù yǒu hé, shǔ, dào, mài děng děng, yòng xiànzài dehuà lái shuō zhèxiē shì shuǐdào, xiǎomài, dàmǐ. Zài dāngshí, néng péiyù zhèxiē nóngzuòwù yǐjīng yǒu hěn dà de jìnbùle, suǒyǐ nóngyè yě yǐjīng suànshì fāzhǎn de hěn kuàile.

Shāng cháo de xùmù yè tóngyàng yěshì kuàisù fāzhǎn de yīgè bùmén. Qízhōng xùmù yè xúnyǎng de dòngwù zhǔyào yǒu niú, mǎ, zhū yáng, gǒu, jī děng děng, tèbié shì niú, mǎ hé yáng. Dāngshí de yīxiē shàngcéng guìzú hé dàchén guānyuán, chūxíng de shíhòu dōu tèbié xǐhuān qímǎ. Érqiě hái yǒu yīgè jiǎngjiù, jiùshì mǎ de pǐnzhǒng yuè hǎo, dàibiǎo qímǎ de rén děngjí yuè gāo, kěyǐ shuō shì shēnfèn dìwèi de yī zhǒng xiàngzhēng ba.

Yǎngzhí yè zhǔyào zhǐ de shì yǎng yú, yóuqí zài huánghé de zhòng xiàyóu dìduàn. Shāng cháo zhǔyào zài xiàn rújīn de hénán shěng, kàojìn héliú, qìhòu zhǔyào yǐ shīrùn xìng qìhòu wéi zhǔ. Yóuyú jiàngshuǐ shífēn fēngfù, dìxíng yǐ sēnlín, húbó, zhǎozé wéi zhǔ, yīncǐ fēicháng shìhé yúyè de fā zhǎn, yúyè yě tèbié fādá.

Xiàmiàn zàilái jiǎng yī jiǎng shāng cháo de shǒugōngyè. Shāng cháo de shǒugōngyì kěwèi shì dádàole yīgè xiǎo diānfēng. Rì chángyòng de qìjù, bǐrú shuō jiǔ qì hé lǐ qì dōu dǎzào de shífēn jīngměi. Hái yǒu qīngtóngqì de yěliàn hé zhìzào, zài shāng cháo de shíhòu yǐ shì fāzhǎn de shífēn chéngshúle. Chūtǔ de zhòng dá 875 gōngjīn de sī mǔ wù dǐng biàn shì qízhōng de yīgè diǎnxíng dàibiǎo, cóngzhōng wǒmen yě kěyǐ kàn chū jìshù de gāocháo, jīngguò zhème jiǔ, hái néng wánzhěng de chéngxiàn zài wǒmen de yǎnqián.

Zhèng shì yīnwèi shāng cháo nóngyè hé shǒugōngyè de kuàisù fāzhǎn, zài yīdìng chéngdù shàng cìjīle shāngpǐn jiāohuàn de fā zhǎn, zhè biàn shì shāngyè de qǐyuán, zhèng shì yǒule shāngpǐn jiāohuàn, shāngrén yě jiù suí zhī chǎnshēngle. Jùshuō zài shāng cháo yǐjīng chūxiànle chángtú fànmài de shāngrén.

CULTURE (文化)

1	文化	Wénhuà	Civilization; culture; education; schooling
2	下面	Xiàmiàn	Below; under; underneath
3	节选	Jiéxuǎn	Excerpt; extract
4	几个	Jǐ gè	Several; a few; how many
5	方面	Fāngmiàn	Respect; aspect; side; field
6	简单	Jiǎndān	Simple; uncomplicated; plain; simplicity
7	描述	Miáoshù	Describe; represent
8	文字	Wénzì	Characters; script; writing; written language
9	历史	Lìshǐ	History; past records
10	甲骨文	Jiǎgǔwén	Inscriptions on bones or tortoise shells of the Shang Dynasty
11	考古	Kǎogǔ	Engage in archaeological studies; archaeology
12	文物	Wénwù	Cultural relic; historical relic
13	证明	Zhèngmíng	Prove; testify; bear out; certificate
14	发现	Fāxiàn	Find; discover
15	震惊	Zhènjīng	Shock; amaze; astonish; alarm
16	出土文物	Chūtǔ wénwù	Archeological objects
17	在当时	Zài dāngshí	At that time; in those days; at the time
18	造字	Zào zì	Coinage
19	象形	Xiàngxíng	Pictographic characters or pictographs, e.g. 日 and 月 -- one of the six

			categories of Chinese characters
20	会意	Huìyì	Understanding; knowing
21	假借	Jiǎjiè	Make use of
22	辨认	Biànrèn	Identify; recognize; make out
23	日常生活	Rìcháng shēnghuó	Everyday life; daily life
24	再来	Zàilái	Come again
25	服饰	Fúshì	Dress and personal adornment; dress; trappings; equipage
26	抛开	Pāo kāi	Ditching; throw off; drift away; cast aside
27	男女	Nánnǚ	Men and women
28	大多	Dàduō	For the most part; mostly
29	叫做	Jiàozuò	Be called; be known as
30	衣裳	Yīshang	Clothing; clothes
31	出自	Chūzì	Come from; originate from; stem from
32	王室	Wángshì	Royal family
33	贵族	Guìzú	Noble; nobleman; aristocrat; nobility
34	大户	Dàhù	Rich and influential family
35	人家	Rénjiā	Household; other; another
36	布料	Bùliào	Cloth
37	平民	Píngmín	The populace; the common people
38	奴隶	Núlì	Slave
39	麻布	Mábù	Linen; sackcloth; burlap
40	上层人士	Shàngcéng rénshì	Upper circles
41	衣物	Yīwù	Clothing and other articles of daily use
42	纯正	Chúnzhèng	Pure; unadulterated; upright; honest
43	袖口	Xiùkǒu	Cuff; wristband
44	领口	Lǐngkǒu	Neckband; neckline

45	镶边	Xiāng biān	Inlay one thing on the edge of another; edge piping; band; border; cording
46	普通百姓	Pǔtōng bǎixìng	Ordinary people
47	宫廷	Gōngtíng	Palace; the monarch and his officials; royal court; court
48	归功于	Guīgōng yú	Give the credit to; attribute the success to; owe to
49	手工业	Shǒugōngyè	Handicraft industry; handicraft; manufacture
50	器具	Qìjù	Utensil; implement; appliance
51	手艺	Shǒuyì	Workmanship; craftsmanship
52	越来越	Yuè lái yuè	More and more
53	乐器	Yuèqì	Musical instrument; instrument; axe
54	精美	Jīngměi	Exquisite; elegant

Chinese (中文)

关于商朝的文化，那便是说个三天三夜也说不完，下面我们节选几个主要的方面来简单描述一下。

首先来说一说商朝的文字，学过历史的都知道，商朝的文字是甲骨文，这也是有考古文物证明的，同时这一发现也震惊了世界。

从出土文物的情况来看，在当时，甲骨文已经发展的十分成熟了。从哪里可以看出成熟呢？首先一个，甲骨文的造字方法非常之多，其中包括象形，会意，假借等等。而且共发现甲骨文约四千余字，其中可被辨认的有一千余字。从一个侧面也可以看出甲骨文在人们的日常生活中也得到了广泛的应用。

再来说一说商朝的服饰，这里面可就大有讲究了。首先抛开男女和尊卑关系，商朝的服饰大多是采用上下两段，上面一段叫做衣，下面一段叫做裳，所以现在我们称服饰为衣裳，正是出自于这里。

尽管服饰的形大多是一样，但其中还是存在着比较严格的等级制度。像一些王室贵族或者是大户人家，用的是比较高级的布料，而位于社会底层的平民或者是奴隶只能穿麻布或者是类似的布料制成的衣服。

除了衣服的布料，商朝的等级制度还体现在服饰的颜色上面。上层人士的衣物大多采用青，赤，黄等十分纯正的颜色，而且在袖口，领口上还有镶边的处理，总之他们一件衣服的制作工艺十分复杂，价格也是不菲的。而普通百姓则没有这样的待遇，衣服的颜色也没有这么丰富。

最后再来说一说商朝的音乐，在商朝，不管是民间的音乐还是宫廷的音乐，都得到了很大的发展，这还得归功于商朝的手工业发展，为什么这么说呢？因为制作器具的手艺越来越熟练，其中也包括乐器的制作，所以当时也制造出了许多精美的乐器，使得音乐更有了一定的进步。

Pinyin (拼音)

Guānyú shāng cháo de wénhuà, nà biàn shì shuō gè sān tiān sān yè yě shuō bu wán, xiàmiàn wǒmen jiéxuǎn jǐ gè zhǔyào de fāngmiàn lái jiǎndān miáoshù yīxià.

Shǒuxiān lái shuō yī shuō shāng cháo de wénzì, xuéguò lìshǐ de dōu zhīdào, shāng cháo de wénzì shì jiǎgǔwén, zhè yěshì yǒu kǎogǔ wénwù zhèngmíng de, tóngshí zhè yī fā xiàn yě zhènjīngle shìjiè.

Cóng chūtǔ wénwù de qíngkuàng lái kàn, zài dāngshí, jiǎgǔwén yǐjīng fāzhǎn de shífēn chéngshúle. Cóng nǎlǐ kěyǐ kàn chū chéngshú ne? Shǒuxiān yīgè, jiǎgǔwén de zào zì fāngfǎ fēicháng zhī duō, qízhōng bāokuò xiàngxíng, huìyì, jiǎjiè děng děng. Érqiě gòng fāxiàn jiǎgǔwén yuē sìqiān yú zì, qízhōng kě bèi biànrèn de yǒu yīqiān yú zì. Cóng yīgè cèmiàn yě kěyǐ kàn chū jiǎgǔwén zài rénmen de rìcháng shēnghuó zhōng yě dédàole guǎngfàn de yìngyòng.

Zàilái shuō yī shuō shāng cháo de fúshì, zhèlǐmiàn kě jiù dà yǒu jiǎngjiùle. Shǒuxiān pāo kāi nánnǚ hé zūn bēi guānxì, shāng cháo de fúshì dàduō shì cǎiyòng shàngxià liǎng duàn, shàngmiàn yīduàn jiàozuò yī, xiàmiàn yīduàn jiàozuò shang, suǒyǐ xiànzài wǒmen chēng fúshì wèi yīshang, zhèng shì chūzì yú zhè lǐ.

Jǐnguǎn fúshì de xíng dàduō shì yīyàng, dàn qízhōng háishì cúnzàizhe bǐjiào yángé de děngjí zhìdù. Xiàng yīxiē wángshì guìzú huòzhě shì dàhù rénjiā, yòng de shì bǐjiào gāojí de bùliào, ér wèiyú shèhuì dǐcéng de píngmín huòzhě shì núlì zhǐ néng chuān mábù huòzhě shì lèisì de bùliào zhì chéng de yīfú.

Chúle yīfú de bùliào, shāng cháo de děngjí zhìdù hái tǐxiàn zài fúshì de yánsè shàngmiàn. Shàngcéng rénshì dì yīwù dàduō cǎiyòng qīng, chì, huáng děng shífēn chúnzhèng de yánsè, érqiě zài xiùkǒu, lǐngkǒu shàng hái yǒu xiāng biān de chǔlǐ, zǒngzhī tāmen yī jiàn yīfú de zhìzuò gōngyì shífēn fùzá, jiàgé yěshì bù fēi de. Ér pǔtōng bǎixìng zé méiyǒu zhèyàng de dàiyù, yīfú de yánsè yě méiyǒu zhème fēngfù.

Zuìhòu zàilái shuō yī shuō shāng cháo de yīnyuè, zài shāng cháo, bùguǎn shì mínjiān de yīnyuè háishì gōngtíng de yīnyuè, dōu dédàole hěn dà de fǎ zhǎn, zhè hái dé guīgōng yú shāng cháo de shǒugōngyè fāzhǎn, wèishéme zhème shuō ne? Yīnwèi zhìzuò qìjù de shǒuyì yuè lái yuè shúliàn, qízhōng yě bāokuò yuèqì de zhìzuò, suǒyǐ dāngshí yě zhìzào chūle xǔduō jīngměi de yuèqì, shǐdé yīnyuè gèng yǒule yīdìng de jìnbù.

SCIENCE & TECHNOLOGY (科技)

1	不得不	Bùdé bù	Have no choice but to; be bound to; be obliged to do something
2	天文	Tiānwén	Astronomy
3	还是	Háishì	Still; nevertheless; all the same
4	造诣	Zàoyì	Attainments
5	当时	Dāngshí	Then; at that time; just at that moment; right away; at once; immediately
6	知识	Zhīshì	Knowledge; know-how; science; pertaining to learning or culture
7	甚至	Shènzhì	Even; so far as to; so much so that
8	流传	Liúchuán	Spread; circulate; hand down; pass current
9	天干地支	Tiāngān dìzhī	The Ten Heavenly Stems and Twelve Terrestrial Branches
10	大月	Dà yuè	A solar month of 31 days
11	小月	Xiǎo yuè	A solar month of 30 days; a 29-days month of the lunar calendar
12	科技水平	Kējì shuǐpíng	Scientific and technological level
13	日食	Rì shí	Eclipse of the sun; solar eclipse
14	月食	Yuè shí	Eclipse of the moon; lunar eclipse
15	后世	Hòushì	Later ages; later generations
16	想象	Xiǎngxiàng	Imagination; imagine; think; visualize
17	十进制	Shíjìnzhì	Decimal system; decimal base
18	奇数	Jīshù	Odd number; odd; uneven number
19	偶数	Ǒushù	Even number; even
20	倍数	Bèishù	Times; multiple

21	不在话下	Bùzài huà xià	Be nothing difficult; be a cinch; be no object; beneath contempt
22	在当时	Zài dāngshí	At that time; in those days; at the time
23	质的飞跃	Zhì de fēiyuè	Qualitative leap
24	不仅如此	Bùjǐn rúcǐ	Not only that
25	突破	Túpò	Breakthrough; make a breakthrough; surmount; break
26	学会	Xuéhuì	Learn; master
27	凸面镜	Tūmiàn jìng	Convex mirror
28	较小	Jiào xiǎo	Less; lesser
29	镜面	Jìngmiàn	Minute surface; mirror face; mirror plane; mirror plate
30	镜子	Jìngzi	Mirror; looking glass; glasses; spectacles
31	由此可见	Yóu cǐ kějiàn	Thus, it can be seen; from here we see that; hence, one can see that; it follows that
32	智慧	Zhìhuì	Wisdom; intelligence
33	手工业	Shǒugōngyè	Handicraft industry; handicraft; manufacture
34	成就	Chéngjiù	Achievement; accomplishment; attainment; success
35	提花机	Tíhuā jī	Jacquard; needle board
36	提花	Tíhuā	Jacquard weave
37	花纹	Huāwén	Decorative pattern; figure
38	极大	Jí dà	Maximum
39	节省	Jiéshěng	Economize; save; use sparingly; cut down on
40	劳动力	Láodònglì	Labor force; work force; labor; capacity for physical labor

| 41 | 工作效率 | Gōngzuò xiàolǜ | Working efficiency; efficiency of operations; efficiency of work |

Chinese (中文)

首先不得不说的是商朝的天文。商朝对于天文的研究，还是具有一定的造诣的，当时的一些天文知识甚至流传到了现在。

那个时候，商朝运用天干地支法，规定 366 天为一年，并且也已经有了大月和小月的区分，大月为 30 天，小月为 29 天。这与我们现代差别不大，可见当时的科技水平之高。而且商朝还特别注重天文气象的记录，用甲骨文记录了许多日食，月食等天文现象，这些记录对后世的天文也是存在着一定的指导作用。

在数学方面，你可能想象不到，商朝的人就已经掌握了十进制，奇数，偶数和倍数这些概念，而且用甲骨文记录了大约 3 万个数字，进行一些简单的计算也不在话下，这在当时已经是一个质的飞跃了。

不仅如此，商朝在光学方面也有一定的突破和进展。当时的商朝人已经学会利用光学知识，制作凸面镜。这种凸面镜可以在一个较小的镜面上把人的整体给照出来，可以当镜子使用。由此可见，商朝人还是很具有智慧的。

还有手工业也取得了很大的成就，拿提花机来说，这是在手工业领域使用的一种机械。通过提花机，能制作出复杂而又精美的花纹，极大的节省了劳动力，也提高了工作效率，而且深受人们的喜爱。

Pinyin (拼音)

Shǒuxiān bùdé bù shuō de shì shāng cháo de tiānwén. Shāng cháo duìyú tiānwén de yánjiū, háishì jùyǒu yīdìng de zàoyì de, dāngshí de yīxiē tiānwén zhīshì shènzhì liúchuán dàole xiànzài.

Nàgè shíhòu, shāng cháo yùnyòng tiāngān dìzhī fǎ, guīdìng 366 tiān wéi yī nián, bìngqiě yě yǐjīng yǒule dà yuè hé xiǎo yuè de qūfēn, dà yuè wèi 30 tiān, xiǎo yuè wèi 29 tiān. Zhè yǔ wǒmen xiàndài chābié bù dà, kějiàn dāngshí de kējì shuǐpíng zhī gāo. Érqiě shāng cháo hái tèbié zhùzhòng tiānwén qi xiàng de jìlù, yòng jiǎgǔwén jìlùle xǔduō rì shí, yuè shí děng tiānwén xiànxiàng, zhèxiē jìlù duì hòushì de tiānwén yěshì cúnzàizhe yīdìng de zhǐdǎo zuòyòng.

Zài shùxué fāngmiàn, nǐ kěnéng xiǎngxiàng bù dào, shāng cháo de rén jiù yǐjīng zhǎngwòle shíjìnzhì, jīshù, ǒushù hé bèishù zhèxiē gàiniàn, érqiě yòng jiǎgǔwén jìlùle dàyuē 3 wàn gè shùzì, jìnxíng yīxiē jiǎndān de jìsuàn yě bùzài huà xià, zhè zài dāngshí yǐjīng shì yīgè zhì de fēiyuèle.

Bùjǐn rúcǐ, shāng cháo zài guāngxué fāngmiàn yěyǒu yīdìng dì túpò hé jìnzhǎn. Dāngshí de shāng cháo rén yǐjīng xuéhuì lìyòng guāngxué zhīshì, zhìzuò tūmiàn jìng. Zhè zhǒng tūmiàn jìng kěyǐ zài yīgè jiào xiǎo de jìngmiàn shàng bǎ rén de zhěngtǐ gěi zhào chūlái, kěyǐ dāng jìngzi shǐyòng. Yóu cǐ kějiàn, shāng cháo rén háishì hěn jùyǒu zhìhuì de.

Hái yǒu shǒugōngyè yě qǔdéle hěn dà de chéngjiù, ná tíhuā jī lái shuō, zhè shì zài shǒugōngyè lǐngyù shǐyòng de yī zhǒng jīxiè. Tōngguò tíhuā jī, néng zhìzuò chū fùzá ér yòu jīngměi de huāwén, jí dà de jiéshěngle láodònglì, yě tígāole gōngzuò xiàolù, érqiě shēn shòu rénmen de xǐ'ài.

MILITARY AFFAIRS (军事)

1	统计	Tǒngjì	Statistics; census; numerical statement; vital statistics
2	人口	Rénkǒu	Population; the number of people in a family
3	其中	Qízhōng	Among; in; inside
4	军队	Jūnduì	Armed forces; army; troops; host
5	虽然	Suīrán	Though; although
6	还是	Háishì	Still; nevertheless; all the same
7	看出	Kàn chū	Make out; perceive; find out; be aware of
8	比较	Bǐjiào	Compare; compare with; contrast; parallel
9	重视	Zhòngshì	Attach importance to; pay attention to; think highly of
10	出土	Chūtǔ	Be unearthed; be excavated; come up; come up out of the ground
11	了解到	Liǎojiě dào	Find out; to understand
12	统领	Tǒnglǐng	Command; commander
13	指挥	Zhǐhuī	Command; direct; conduct; commander
14	帝王	Dìwáng	Emperor; monarch
15	有时候	Yǒu shíhòu	Sometimes; there are times when
16	亲自	Qīnzì	Personally; in person; oneself
17	出征	Chūzhēng	Go on an expedition; go out to battle
18	王室	Wángshì	Royal family
19	强大	Qiángdà	Big and powerful; powerful; formidable

20	队伍	Duìwǔ	Troops; army
21	其余	Qíyú	The others; the rest; the remaining; the remainder
22	各个	Gège	Each; every; various
23	部落	Bùluò	Tribe
24	中央	Zhōngyāng	Centre; middle; central authorities
25	统一	Tǒngyī	Unify; unite; integrate; unified
26	调动	Diàodòng	Transfer; shift; move
27	伴随着	Bànsuízhe	With; along with; be accompanied by
28	社会发展	Shèhuì fāzhǎn	Social development; Community Development; Society; Social progress
29	一部分	Yībùfèn	A part; a portion; partial; partially
30	贵族	Guìzú	Noble; nobleman; aristocrat; nobility
31	平民	Píngmín	The populace; the common people
32	编制	Biānzhì	Authorized strength; formation; establishment; manning quotas
33	常备军	Chángbèi jūn	Standing army
34	仍然	Réngrán	Still; yet; as usual; as before
35	构成部分	Gòuchéng bùfèn	Component part
36	时候	Shíhòu	Time
37	单位	Dānwèi	Unit
38	区分	Qūfēn	Discriminate; differentiate; distinguish; make a distinction between
39	最高	Zuìgāo	Highest; supreme; tallest
40	层次	Céngcì	Administrative levels; arrangement

			of ideas; gradation
41	其次	Qícì	Next; secondly; then
42	也就是说	Yě jiùshì shuō	In other words; that is to say
43	最后	Zuìhòu	Last; final; ultimate
44	征兵	Zhēngbīng	Conscript; draft; call-up; levy
45	危急	Wéijí	Critical; in imminent danger; in a desperate situation
46	征用	Zhēngyòng	Take over for use; commandeer; expropriation; requisition
47	有可能	Yǒu kěnéng	Be on the cards
48	非但	Fēidàn	Not only
49	奋起	Fènqǐ	Make a vigorous start; rise up with ardour; rise vigorously

Chinese (中文)

据统计，商朝的总人口有五六百万人，其中军队占了十多万，虽然不算多，但从中我们还是可以看出商朝对军队的建设是比较重视的。

从出土的甲骨文当中，我们可以了解到商朝的一些军事制度。首先商王是军队的最高统领，所有的军队都必须听他指挥。商朝的帝王有时候也会亲自出征，这也是他们立威的一种方式。

除了王室拥有一支强大的队伍，其余各个部落也有相应的军队，中央和地方是相互统一的，但是地方还是要服从于中央。王室可以调动地方的军队，但是地方却不能调动王室的军队。

伴随着社会发展的不断需要，商王把一部分的贵族还有平民编制为一支常备军，但是平民仍然是军队的主要构成部分。

商朝的军队在这个时候就已经有了师，旅，行三级单位的区分。最高的层次是师，一个师有 3000 人，其次是旅，一旅于 1000 人，也就是说三个旅算一个师。最后是行，一行有 100 人。

最后再来说一说商朝的征兵制度。商朝征兵面向的对象主要是平民，有时战争情况比较危急的时候，也会征用奴隶。在这种时刻，奴隶能够发挥出巨大的作用。但是也有可能起到相反的作用，就比如在商纣王统领的时期，奴隶兵非但没有听从商纣王的命令，反而奋起反抗，这也加速了商纣王的失败。毕竟奴隶是处于社会的最底层，长期被剥削，压迫到了一定的程度，也是会奋起反抗的。

Pinyin (拼音)

Jù tǒngjì, shāng cháo de zǒng rénkǒu yǒu wǔliùbǎi wàn rén, qízhōng jūnduì zhànle shí duō wàn, suīrán bù suàn duō, dàn cóngzhōng wǒmen háishì kěyǐ kàn chū shāng cháo duì jūnduì de jiànshè shì bǐjiào zhòngshì de.

Cóng chūtǔ de jiǎgǔwén dāngzhōng, wǒmen kěyǐ liǎojiě dào shāng cháo de yīxiē jūnshì zhìdù. Shǒuxiān shāng wángshì jūnduì de zuìgāo tǒnglǐng, suǒyǒu de jūnduì dōu bìxū tīng tā zhǐhuī. Shāng cháo de dìwáng yǒushíhòu yě huì qīnzì chūzhēng, zhè yěshì tāmen lì wēi de yī zhǒng fāngshì.

Chúle wángshì yǒngyǒu yī zhī qiángdà de duìwǔ, qíyú gègè bùluò yěyǒu xiāngyìng de jūnduì, zhōngyāng hé dìfāng shì xiānghù tǒngyī de, dànshì dìfāng háishì yào fúcóng yú zhōngyāng. Wángshì kěyǐ diàodòng dìfāng de jūnduì, dànshì dìfāng què bùnéng diàodòng wáng shì de jūnduì.

Bànsuízhe shèhuì fāzhǎn de bùduàn xūyào, shāng wáng bǎ yībùfèn de guìzú hái yǒu píngmín biānzhì wéi yī zhī chángbèijūn, dànshì píngmín réngrán shì jūnduì de zhǔyào gòuchéng bùfèn.

Shāng cháo de jūnduì zài zhège shíhòu jiù yǐjīng yǒule shī, lǚ, xíng sān jí dānwèi de qūfēn. Zuìgāo de céngcì shì shī, yīgè shī yǒu 3000 rén, qícì shì lǚ, yī lǚ yú 1000 rén, yě jiùshì shuō sān gè lǚ suàn yīgè shī. Zuìhòu shì xíng, yīxíng yǒu 100 rén.

Zuìhòu zàilái shuō yī shuō shāng cháo de zhēngbīng zhìdù. Shāng cháo zhēngbīng miànxiàng de duìxiàng zhǔyào shi píngmín, yǒu shí zhànzhēng qíngkuàng bǐjiào wéijí de shíhòu, yě huì zhēngyòng núlì. Zài zhè zhǒng shíkè, núlì nénggòu fāhuī chū jùdà de zuòyòng. Dànshì yěyǒu kěnéng qǐ dào xiāngfǎn de zuòyòng, jiù bǐrú zài shāng zhòu wáng tǒnglǐng de shíqí, núlì bīng fēidàn méiyǒu tīngcóng shāng zhòu wáng de mìnglìng, fǎn'ér fēnqǐ fǎnkàng, zhè yě jiāsùle shāng zhòu wáng de shībài. Bìjìng núlì shì chǔyú shèhuì de zuì dǐcéng, chángqí bèi bōxuè, yāpò dàole yīdìng de chéngdù, yěshì huì fēnqǐ fǎnkàng de.

END OF THE SHANG DYNASTY (灭亡)

1	前面	Qiánmiàn	In front; at the head; ahead
2	全方位	Quán fāngwèi	Omnibearing; comprehensive
3	最后	Zuìhòu	Last; final; ultimate
4	灭亡	Mièwáng	Be destroyed; become extinct; perish; die out
5	原因	Yuányīn	Cause; reason; account; master sheet
6	其实	Qíshí	Actually; in fact; as a matter of fact; really
7	当中	Dāngzhōng	In the middle; in the center
8	结局	Jiéjú	Final result; outcome; ending; grand finale
9	第一个	Dì yīgè	First; the first; the first one
10	王位继承	Wángwèi jìchéng	Succession to the Crown
11	尤其是	Yóuqí shì	In particular; the more so; to crown all
12	皇位	Huángwèi	Throne
13	彼此之间	Bǐcǐ zhī jiān	Between you and me; between two persons or parties
14	明争暗斗	Míngzhēng'àndòu	Fight in all possible ways; fight both with open and secret means
15	第二个	Dì èr gè	The second; 2nd; second
16	原因是	Yuányīn shì	On the score of
17	根本不	Gēnběn bù	Not at all; anything but; not...in the slightest
18	活人	Huó rén	A living person; a person who is still alive

19	殉葬	Xùnzàng	Be buried alive with the dead
20	惨无人道	Cǎnwú réndào	Be brutal and inhuman; be very cruel and inhuman; cold-blooded; cruel
21	不平等	Bù píngděng	Inequality; odds; inequalities
22	奴隶主	Núlì zhǔ	Slave owner; slaveholder
23	最后一个	Zuìhòu yī gè	Last; the last one; First
24	娇纵	Jiāozòng	Indulge; pamper; spoil
25	奢靡	Shēmí	Extravagant; wasteful
26	只顾自己	Zhǐgù zìjǐ	Care only for oneself; care for nobody; egoistic
27	末代皇帝	Mòdài huángdì	The last emperor of a dynasty
28	私欲	Sīyù	Selfish desire
29	背弃	Bèiqì	Abandon; betray; desert; renounce
30	战役	Zhànyì	Campaign; battle
31	讨伐	Tǎofá	Send armed forces to suppress; send a punitive expedition against
32	打败	Dǎbài	Defeat; beat; worst
33	胜利	Shènglì	Win; victory; triumph; successfully
34	辉煌	Huīhuáng	Brilliant; splendid; glorious; magnificent
35	一时	Yīshí	For a short while; temporary; momentary
36	就此	Jiùcǐ	At this point; here and now; thus
37	取代	Qǔdài	Displace; replace; substitute for; take over

Chinese (中文)

前面全方位介绍了商朝,最后我们来讲一下商朝灭亡的原因,其实从前面的介绍当中就可以猜到商朝的结局。

商朝灭亡的第一个原因就是王室内部相互抗衡,这也是王位继承制度的必然结果,也就是内乱。尤其是兄弟之间,有时候为了争夺皇位,彼此之间明争暗斗,导致统治的基础很不稳定。

第二个原因是制度的残忍,尤其是针对奴隶的制度。在那个时期,社会根本不把奴隶当人看,只知道一味地利用和剥削奴隶。更加过分还有人殉制度,顾名思义就是用活人来殉葬,用的也基本都是奴隶,如此惨无人道的做法加深了社会的不平等和不稳定,也加剧了奴隶与奴隶主之间的矛盾。

最后一个原因是帝王娇纵奢靡,只顾自己享乐,而置国家,置人民于不顾。尤其是末代皇帝商纣王,在他在位期间,还制定了很多残酷的刑法,这些刑法只是他的一时兴起,对国家来说没有一点好处。一个只顾自己私欲而背弃人民的帝王最终也会被人民所放弃,商纣王就是最好的例子。

最后的战役是牧野之战,周武王率兵讨伐商,最终在牧野这个地方打败了商军,取得了最后的胜利,曾经辉煌一时的商朝就此被周取代。

Pinyin (拼音)

Qiánmiàn quán fāngwèi jièshàole shāng cháo, zuìhòu wǒmen lái jiǎng yīxià shāng cháo mièwáng de yuányīn, qíshí cóng qiánmiàn de jièshào dāngzhōng jiù kěyǐ cāi dào shāng cháo de jiéjú.

Shāng cháo mièwáng de dì yīgè yuányīn jiùshì wángshì nèibù xiānghù kànghéng, zhè yěshì wángwèi jìchéng zhìdù de bìrán jiéguǒ, yě jiùshì nèiluàn. Yóuqí shì xiōngdì zhī jiān, yǒu shíhòu wèile zhēngduó huángwèi, bǐcǐ zhī jiān míngzhēng'àndòu, dǎozhì tǒngzhì de jīchǔ hěn bù wěndìng.

Dì èr gè yuányīn shì zhìdù de cánrěn, yóuqí shì zhēnduì núlì de zhìdù. Zài nàgè shíqí, shèhuì gēnběn bù bǎ núlì dāng rén kàn, zhǐ zhīdào yīwèi dì lìyòng hé bōxuè núlì. Gèngjiā guòfèn hái yǒurén xùn zhìdù, gùmíngsīyì jiùshì yòng huó rén lái xùnzàng, yòng de yě jīběn dōu shì núlì, rúcǐ cánwúréndào de zuòfǎ jiāshēnle shèhuì de bù píngděng hé bù wěndìng, yě jiājùle núlì yǔ núlì zhǔ zhī jiān de máodùn.

Zuìhòu yīgè yuányīn shì dìwáng jiāozòng shēmí, zhǐgù zìjǐ xiǎnglè, ér zhì guójiā, zhì rénmín yú bùgù. Yóuqí shì mòdài huángdì shāng zhòu wáng, zài tā zài wèi qíjiān, hái zhìdìngle hěnduō cánkù de xíngfǎ, zhèxiē xíngfǎ zhǐshì tā de yīshí xīngqǐ, duì guójiā lái shuō méiyǒu yīdiǎn hǎochù. Yī gè zhǐgù zìjǐ sīyù ér bèiqì rénmín de dìwáng zuìzhōng yě huì bèi rénmín suǒ fàngqì, shāng zhòu wáng jiùshì zuì hǎo de lìzi.

Zuìhòu de zhànyì shì mùyě zhī zhàn, zhōu wǔwáng lǜ bīng tǎofá shāng, zuìzhōng zài mùyě zhège dìfāng dǎbàile shāng jūn, qǔdéle zuìhòu de shènglì, céngjīng huīhuáng yīshí de shāng cháo jiùcǐ bèi zhōu qǔdài.

www.QuoraChinese.com